KLEINE REIHE
POLITISCHE BILDUNG

Gerhard Himmelmann

Demokratie-Lernen in der Schule

Herausgegeben von Gotthard Breit, Ursula Buch (†), Bernward Debus und Peter Massing

WOCHEN
SCHAU
VERLAG

Bibliografische Information der Deutschen Nationalbibliothek

Die Deutsche Nationalbibliothek verzeichnet diese Publikation in der Deutschen Nationalbibliografie; detaillierte bibliografische Daten sind im Internet über http://dnb.d-nb.de abrufbar.

Die Kleine Reihe politische Bildung wird herausgegeben von Gotthard Breit, Ursula Buch (†), Bernward Debus und Peter Massing.

www.wochenschau-verlag.de

Titelgestaltung: Wochenschau Verlag / Ohl Design
Titelbild: Pètrouche – Fotolia.com
Gesamtherstellung: Wochenschau Verlag
ISBN 978-3-7344-0452-8 (Buch)
ISBN 978-3-7344-0453-5 (E-Book)

INHALTSVERZEICHNIS

VORWORT

Quo Vadis Demokratie?

Angesichts der Herausforderungen, denen sich die Demokratie in der Gegenwart gegenübersieht, drängen sich einige Fragen auf:

- Wie kommt Demokratie zur Welt?
- Wie wird sie geschützt?
- Wie wird sie gesichert und erhalten?
- Gibt es überhaupt eine praxistaugliche Blaupause, an der man ablesen könnte, was eine „echte Demokratie" ausmacht?

Wir kennen zwar die Grundideen der Demokratie wie Volkssouveränität, allgemeine Wahlen, Parlamentarismus, Gewaltenteilung, allgemeine Menschenrechte usw., aber reichen sie als Konzepte aus, um als allgemeinverbindliche Schablone für die reale Durchsetzung von Demokratie in verschiedenen Kulturen zu dienen? Die Vielfalt der Systeme, die sich „demokratisch" nennen oder die von Wissenschaftlern oder sonstigen Experten als „demokratisch" angesehen werden, stiftet zuweilen mehr Verwirrung, als dass sie Klarheit schafft und Eindeutigkeit gewährleistet.

Blickt man in die Welt, dann zeigt sich: Offenbar stehen die Chancen der Demokratisierung in sehr vielen Regionen der Welt nicht besonders gut. Die Entwicklungen auf dem Balkan, in Nordafrika und im Nahen Osten, in China und in den Nachfolgestaaten der früheren Sowjetunion demonstrieren uns ein ums andere Mal, wie hoch die Hürden und wie groß die Gefährdungen selbst für die kleinsten Anfänge demokratischer Aufbrüche sind. Man kann daran ablesen, dass die Entwicklung von „echter" Demokratie offenbar eine lange Zeit in Anspruch nimmt und dass sie auf längere Traditionen, Gewöhnungen und Einübungen angewiesen ist.

Aktuell gibt es in der Welt zahlreiche sog. „konsolidierte Demokratien", aber auch eine mindestens ebenso große Zahl sog. „defekter Demokratien". Nicht alle Demokratien, die sich als solche definieren, verdienen diesen Titel auch. Von „Demokratie" kann kaum die Rede sein, wenn zwar Wahlen stattfinden, aber die Manipulation der Medien, die Verfolgung von Dissidenten oder die Aushebelung von Rechtsstaat und Gewaltenteilung an der Tagesordnung sind. Korruption und Machtmissbrauch gefährden die existierenden Demokratien nicht minder wie die sich entwickelnden Demokratien.

Und wir wissen: Auch demokratische Politiker können sich als verblendet, als unredlich und schlicht als unfähig erweisen. Und gerade wir Deutschen haben erfahren, dass Demokratien auch scheitern können. In Europa und der Welt wächst die Zahl autoritärer Parteien und Regime. Plebiszitär gestützt haben Nationalismus, Patriotismus und Populismus Hochkonjunktur. Demagogie, Fremdenfeindlichkeit und verschiedene Formen des Rassismus treten selbst in etablierten und als konsolidiert geltenden Demokratien hinzu. Ferne politische Entscheidungszentren, die Komplexität moderner politischer Systeme, scheinbar abgeschlossene Eliten und die vielfach undurchsichtige und unbeherrschbar erscheinende Globalisierung schaffen Sehnsüchte nach einfachen Lösungen. Mit Erschütterung müssen wir außerdem feststellen, dass eine fremdenfeindliche Terrorgruppe in der Bundesrepublik jahrelang politische Morde verüben konnten, ohne dass die Polizei und die Verfassungsschutzbehörden diesen Entwicklungen Einhalt bieten konnten. Können wir uns darauf verlassen, dass die Polizei, die Geheimdienste und das Bundesverfassungsgericht ausreichende Bastionen zum Schutz der Demokratie sind? In der Öffentlichkeit darf keine schweigende Gleichgültigkeit gegenüber einer um sich greifenden Fremdenfeindlichkeit Platz greifen. Das gilt auch für die grassierende politische Verantwortungsmüdigkeit trotz aller zu begrüßenden freiwilligen Bürgeraktivitäten. Es stellen sich Fragen:

Erleben wir eine Krise der liberalen Demokratie? Wo und wie können Sperren gegen Diskriminierung, Rassismus, Gewalt und Radikalismus errichtet werden? Wie kann der Aushöhlung der Demokratie entgegengearbeitet werden?

Vielfach kommen sogar die theoretischen Prinzipien der Demokratie ins Rutschen. So macht in neuester Zeit der bedrohlich erscheinende Begriff der „Post-Demokratie“ (Colin Crouch) die Runde. Dieser Begriff deutet darauf hin, dass die Souveränität des Volkes in den entwickelten Demokratien offenbar durch wachsende supranationale politische Zusammenschlüsse und durch globale ökonomische Verflechtungen ausgehebelt wird. Im Gegenzug klagen immer häufiger spontane Bürgerbewegungen mit basisdemokratischem Pathos ihre unmittelbaren Einflussmöglichkeiten auf die Gestaltung von Politik, Wirtschaft und Gesellschaft ein. Die Diskussion verweist oft auf einen Vergangenheitszustand, der an frühere goldene Zeiten der Demokratie erinnern soll, für die Zukunft aber keine positive Perspektive bieten kann. Aber gab es diese goldenen Zeiten wirklich jemals? Stimmt im Übrigen die These von der „sanften Liquidation“ der Demokratie als umfassende, kulturelle und alltäglich zu erfahrende Lebensform?

Die Liste der Hoffnungen und Erwartungen, aber auch der Enttäuschungen und Unsicherheiten sowie der Unzufriedenheiten, die sich auf die Demokratie richten, ließe sich noch erweitern. Wie geht die Politische Bildung damit um? Welche Antworten bietet die Politische Pädagogik in Gestalt der Demokratiepädagogik? Ganz offenbar müssen die Ursprünge und Ziele der Demokratie in und für jede Generation immer wieder neu erarbeitet und auf breiter Basis neu in Erinnerung gerufen werden. Hier liegt eine sehr dringliche Herausforderung für eine spezifisch auf die Demokratie ausgerichtete Politische Bildung. Für eine Demokratiepädagogik, die ihren Namen verdient, sollte wohl Folgendes gelten: Die komplexe Lebenswirklichkeit der Demokratie impliziert die Notwendigkeit eines tiefergehenden Demokratieverständnisses, als es ein bisher recht flach erfasstes „Politik“-Verständnis anbieten kann. Die Verantwortung für demokratisches Leben setzt nicht erst bei dem Verständnis von Politik im engeren oder weiteren Sinn ein, vielmehr geht der Demokratie als Verfassungs- und Organisationsform die Demokratie als anthropologisches und soziales Experiment voraus. Aus dieser Verantwortung darf sich die derzeit praktizierte Politische Bildung nicht davonstehlen.

Einige Zeichen deuten immerhin darauf hin, dass wir uns bei allen Problemen, Enttäuschungen und Krisen derzeit doch auch in einer Phase der Rückbesinnung auf die Grundlagen der Demokratie befinden. Die Sensibilität für die Notwendigkeit der Pflege von demokratischen Haltungen und Einstellungen nimmt ganz offenbar auf vielen Ebenen zu. Über die Einübung von demokratischen Wissensgehalten hinaus geht es auch um die Pflege der subjektiven, mentalen Voraussetzungen der Demokratie, d. h. der Pflege der Bereitschaft zu Fairness, Toleranz und gesellschaftlicher Integration sowie um die Einübung der Regeln eines verträglichen Miteinanders. Intensiv wird auf vielen Ebenen in der Bundesrepublik außerhalb der Politischen Bildung über die Zukunft des „bürgerschaftlichen Engagements" nachgedacht. Es hat sich sogar ein eigenes Feld der „Engagement-Politik" entwickelt. Hat die Politische Bildung in diesem Feld versagt? Pflegt die Politische Bildung wirklich demokratische Mentalitäten und Sinnbildungen?

Ganz deutlich wird, dass es in der Politischen Bildung neben der Lehre über „Politik" und über die institutionell verfasste Demokratie auch um die Hervorhebung der sozialen und bürgerschaftlichen Voraussetzungen der Demokratie im Sinne einer erweiterten kulturell und lebensnah verankerten Demokratieauffassung gehen muss. Neben der politisch-institutionellen Bildung sollte die zivilgesellschaftliche und die alltagsnahe Bedeutung von Demokratie hervorgehoben werden. Es geht um den Erwerb von lebensnahen Kenntnissen *über* die Demokratie. Es geht um den Erwerb von praktischen Kompetenzen *für* die Demokratie. Und es geht um das Lernen *durch* die Demokratie im Kontext gemeinsamer Erfahrungen. Als Hinweis auf die möglichen Erweiterungen des Denkens und Handelns hat in neuerer Zeit die Trilogie von Demokratie Anerkennung gefunden, die die Demokratie nicht nur als Herrschaftsform, sondern auch als ausbalancierte Gesellschaftsform und als spezifisch zwischenmenschliche Lebensform betrachtet. Diese dreifache Entfaltung von Demokratie fordert zu einer vertieften Analyse auf und erweitert die theoretische Basis der demokratiepädagogischen Bemühungen.

Zurück zu den Quellen

In diesem Rahmen verstehen sich die neueren Ansätze der Demokratieerziehung als Ergänzungen zur etablierten Politischen Bildung – als innovative Elemente der allgemeinen Bürgerschaftserziehung. Ihre Quellen gehen zurück auf die Allgemeine Pädagogik des 19. Jahrhunderts. Dieses frühe allgemeinpädagogische Bildungskonzept vertrat im Sinne der Aufklärung und im Gegensatz zur kirchlichen Engführung von Bildung und Erziehung sowie im Gegensatz zur hoheitlich-national-patriotischen Staatsbürgererziehung einen bürgerschaftlich-politischen Bildungsanspruch. Es handelte sich im Grunde um eine Pädagogik im Sinne einer allgemeinen Menschenbildung. Diese politische Zielsetzung bestimmt noch heute weitgehend die allgemeine pädagogische Diskussion.

Doch erst in der Zeit nach dem II. Weltkrieg entstand – gestützt durch alliierte Vorgaben – aus der Allgemeinen Pädagogik heraus das Konzept einer eigenständigen Demokratieerziehung. Dieser Impuls schlug sich bald in einem selbstständigen Schulfach Sozial- bzw. Gemeinschaftskunde oder auch Gesellschaftslehre nieder.

Doch dieser Ansatz professionalisierte sich seit Anfang der 1960er Jahre in besonderer Weise und nahm nun die spezifische Form der „Politischen Bildung“ an. Diese politisch ausgerichtete Bildungskonzeption unterwarf sich wiederum einer engen Didaktisierung und Verwissenschaftlichung. So entstand eine „Politikdidaktik“ im engeren Sinne, die sich freilich vom Ansatz der Allgemeinen Pädagogik und der besonderen Demokratiepädagogik weitgehend entfernt hatte.

Seit der Wende zum 21. Jahrhundert wurde aus der Allgemeinen Pädagogik heraus erneut an die Notwendigkeit einer spezifischen Demokratieerziehung erinnert. Dieser Anstoß zu einer neuen Form der „Demokratiepädagogik“ fand seinen Niederschlag zunächst im Modellversuch der Bund-Länder-Kommission für Bildungsplanung unter dem Titel „Demokratie lernen & leben“, dann im Förderprogramm „Demokratisch Handeln“ sowie in vielfältigen Aktionen von zivilgesellschaftlich engagierten

Stiftungen. Schließlich fühlte sich die Kultusministerkonferenz im Jahre 2009 veranlasst, eine eigene Entschließung zur „Stärkung der Demokratieerziehung“ an Schulen zu verabschieden.

Durch diese Anstöße wurden – jenseits des engen Fachgebiets der Politikdidaktik – neue Strukturen geschaffen und auch beispielhafte Marksteine für eine umfassendere demokratische Schulentwicklung gesetzt. Es wurden vor allem neue Modelle der Demokratieerziehung auf der Grundlage der Projektdidaktik entwickelt, von denen in der vorliegenden Schrift einige beispielhafte Anregungen enthalten sind. Diese Modelle verkürzen das Curriculum nicht auf „Politik als Kern“, sondern machen die ganze Schule in erweiterter Form auch wieder als gesellschaftlichen Lernort der Demokratie sichtbar.

Das Konzept der modernisierten „Demokratiepädagogik“ wehrt sich im aktuellen Kontext der Bildungs- und Schulreformen gegen eine verengte Verfachlichung und eine abstrakte Akademisierung. Sie bietet unter der Einbeziehung aller Schulfächer und der vielfältigen fachlichen Bezüge sowie unter Einbeziehung aller Schulformen und Schulstufen einen pragmatischen Zugang zur neuen Demokratieerziehung. Sie öffnet auch den Weg in Richtung neuer Ideen zur Schulentwicklung und betont praktisch-handlungsorientierte Unterrichtsformen. Hierzu ein erstes aktuelles Beispiel.

BEISPIEL 1: PROJEKT DEMOKRATIE LERNEN IM EINTRACHT-STADION

„Die Arena an der Hamburger Straße ist auch heute abend Lernort. Schulen können sich für das Projekt bewerben.

Wenn es im Stadion an der Hamburger Straße brodelt, dann kann man ganz viel lernen. Nicht nur, mit Siegen oder Niederlagen umzugehen, sondern vor allem Fairness, Toleranz und die Fähigkeit zur Integration.

Nirgendwo sonst prallen die Emotionen und Aggressionen so leidenschaftlich aufeinander wie im Stadion.

Und wenn sie aufeinanderprallen, dann knallt und raucht es buchstäblich. An kaum einem anderen Ort kann man so viel lernen über die Notwendigkeit zum Ausgleich und zum Miteinander bei allen Gegensätzen. Das ist in aller Leidenschaft die große Botschaft des Fußballs – und deshalb ist auch das Braunschweiger Stadion ein herausragender außerschulischer Lernort.

Dies wird im Projekt „Lernort Stadion" der Robert-Bosch-Stiftung ernst genommen – und in Braunschweig mit Unterstützung der Eintracht-Braunschweig-Stiftung von einer eigens gegründeten Fan-Hochschule als Fanprojekt für Kinder und Jugendliche umgesetzt.

Seit Projektstart 2012 haben 1600 Schüler der Jahrgänge 7-10 – hauptsächlich in Haupt-, Real- und Gesamtschulen – teilgenommen. In einer Woche haben sie fünf Tage lang bis zum Spieltag alle Aspekte des Geschehens im Stadion aufgearbeitet, diskutiert und in Rollenspielen, Berichten, Interviews und Filmen verarbeitet. Die Botschaft lautet: Der Lernort Stadion ist heute Politik-, Gesellschafts- und Sozialkunde-Unterricht pur.

Am brodelnden authentischen Ort, wo Polizei und Presse agieren, Fan-Gruppen Flagge zeigen, wo Schwache eine Stimme bekommen, wo Familien, Belegschaften und Einzelgänger unterwegs sind, da kann man Demokratie pur erleben, aber auch das ständige Spannungsverhältnis, die Regeln zu einem gerechten Miteinander einzuhalten. „Lernort Stadion ist wirklich ein echtes Präventionsprojekt“, sagt Karsten König vom Fan-Projekt. Und er meint: „Von Prävention wird viel geredet. Hier ist sie aber mal wirklich.“

So sieht das auch Miriam Herzberg von der Eintracht-Braunschweig-Stiftung: „Wir wollen weiterhin die Fußballbegeisterung von Jugendlichen mit gesellschaftspolitischen Fragestellungen kombinieren – Demokratie, Diskriminierung oder Rassismus“. Miriam Herzberg beziffert die Kosten pro Saison auf 55.000 Euro. Entsprechend werden weitere Sponsoren für diese wichtige Aufgabe gesucht.

Projektleiter Jörg Seidel macht klar, worum es geht. Teilaspekte wie Gewaltprävention und Information über radikale Strömungen in der Gesellschaft, die im Stadion sichtbar werden, sind wichtig.“

Henning Noske, Braunschweiger Zeitung vom 18. April 2016

Beim „Lernort Stadion“ fällt der konventionelle Unterricht für fünf Tage zwar nicht komplett aus, aber er wird mit dem Schwerpunkt „Fußball und Gesellschaft“ ins Stadion oder in Räume des Fan-Projekts verlegt. In Zusammenarbeit von Schulen und der Eintracht-Braunschweig-Stiftung sowie in Kooperation mit Radio Okerwelle, der Arbeitsstelle Rechtsextremismus und Gewalt sowie dem Polizeikommissariat Nord wird federführend durch Mitarbeiter des Fan-Projekts dieses Vereins ein fünftägiges Trainingslager für Schülerinnen und Schüler organisiert. Dabei werden das Stadion und der gesamte Organisationskomplex des Bundesliga-Vereins eingehend untersucht. Die zahlreichen Probleme eines solchen Vereins und die möglichen Konflikte im Stadion werden in Kursen und Workshops unter Hinzuziehung externer Sachverständiger bearbeitet. Der eigentliche Träger des Projekts ist entweder die Schule selbst oder auch der Verein bzw. das Lernzentrum politische Bildung der Fan-Hochschule. Ziel ist es, die Fußballbegeisterung von Jugendlichen und den besonderen Lernort Stadion mit den gesellschaftlichen Fragestellungen wie Diskriminierung, Gewalt und Rassismus zu verbinden und soziale Kompetenzen zu stärken.

Am Spieltag schließlich begleiten die Schülerinnen und Schüler Polizeibeamte und Ordner im Einsatz, sind in den Katakomben unterwegs und in den Fangruppen auf den Rängen. Viele Interviews mit den unterschiedlichen Teilnehmern und Verantwortlichen werden durchgeführt, dokumentiert und später ausgewertet.

An insgesamt zwölf Bundesligastandorten gibt es den „Lernort Stadion". Idealerweise werden die politischen und gesellschaftlichen Aspekte des Fußballs im Unterricht oder in weiteren Schulprojekten oder -wettbewerben vorbereitet. Denn um Freizeit mit Stadionerlebnis handelt es sich nicht, sondern um intensive Studien- und Lernergebnisse zu den sozialen Kompetenzen, Medienkompetenz und Toleranz. Dass es im Stadion auch Spaß macht, ist dabei nicht hinderlich – ausdrücklich ist der Ansatz beim „Lernort Stadion" auch ein erlebnispädagogischer.

Das Projekt „Lernort Stadion" hat genauso viel mit Politischer Bildung im engeren Sinne wie mit Demokratiepädagogik im weiteren Sinne zu tun. Es kann im Politik-, Gesellschaft- oder Sozialkunde-Unterricht oder auch in anderen Fächern angesiedelt und durchgeführt werden. Die Idee, die dahintersteckt, eignet sich genauso für ein fächerübergreifendes Projekt oder auch für ein Schulprojekt in Kooperation mit außerschulischen Partnern. Es fügt sich ein in eine zeitgemäße Bildung in der Demokratie angesichts akuter Probleme und in ein modernes Konzept von außerschulischer Bildung sowie Erlebnis-Pädagogik. Es ordnet sich schließlich ebenso in eine offene schulische Gemeinwesen-Arbeit wie in eine akteursbezogene Jugend-Sozialarbeit ein. Es kommt hier ganz auf die konkrete Ausgestaltung vor Ort an, wie das Projekt angelegt wird, welche Partner und Sponsoren gewonnen werden können und mit welchem Engagement die Lehrkräfte und die Schulen selbst beteiligt sind. Das Projekt zielt insgesamt auf die Förderung der gewiss demokratierelevanten Kompetenzen: Respekt, Fairness, Empathie, Solidarität und Frustrationstoleranz. Dahinter steht die Erkenntnis, dass Demokratie als soziale Idee und politisches Gesellschaftsprojekt auf entgegenkommende Sozialisationsformen angewiesen ist.

DEMOKRATIEERZIEHUNG – EINE AUFGABE DER SCHULEN IN DER DEMOKRATIE

Es ist ein Gemeinplatz der modernen Pädagogik, Bildung und Erziehung, dass jede Gesellschaft mit Vorrang jene Werte, Prinzipien und Maßstäbe auf die jüngere Generation zu übertragen sucht, die sie besonders schätzt. Das zentrale Instrument dieser Wertübertragung ist die Bildungspolitik. Die zentrale Institution der Bildungspolitik ist wiederum die Schule und das zentrale Aufgabenfeld der Schule ist schließlich in diesem Sinne die gesellschaftliche Bildung. Angesichts der unterschiedlichen politisch-gesellschaftlichen Systeme im Kaiserreich in der Weimarer Republik, im Nationalsozialismus und im DDR-Sozialismus kann es nicht verwundern, dass sich die schul- und unterrichtlichen Konzepte der gesellschaftlichen Bildung in diesen unterschiedlichen politischen Kontexten zum Teil diametral gegenüberstanden.

Die Bundesrepublik Deutschland bekennt sich aus grundsätzlicher Positionsbestimmung und aus historischer Erfahrung klar und deutlich zur Demokratie – und zwar nachdrücklicher und überzeugender als die Weimarer Republik. Das Grundgesetz enthält zum Schutz der „freiheitlichen-demokratischen Grundordnung" sogar ein eigenes Konzept der „wehrhaften" Demokratie. Nach diesem Konzept wird vom Staat, von der Gesellschaft und von jedem Einzelnen die Abwehr von Demokratie gefährdenden Verhaltensweisen oder Entwicklungen gefordert, ebenso das Eintreten für den freiheitlichen Rechtsstaat. Die Schul- und Bildungspolitik der deutschen Bundesländer sowie die Rahmenrichtlinien für die Fächer der gesellschaftlichen Bildung heben im Rahmen dieser Prioritätensetzung das Ziel der „Erziehung zur Demokratie" als Aufgabe der Schulen hervor.

Die weltpolitische und soziale Umbruchsituation nach 1989 sowie die tiefgreifenden Wandlungen im Prozess der Enkulturation, Sozialisation und Personalisation von Kindern und Jugendlichen seit dem Ende des 20. Jahrhunderts haben das Ziel der Demokratieerziehung in jüngster Zeit erneut in den Vordergrund gerückt. So hat bereits eine viel beachtete Erklärung des amtierenden und der noch lebenden ehemaligen Bundespräsidenten (Johannes Rau, Roman Herzog, Richard von Weizsäcker und Walter Scheel) im Jahre 1999 alle Beteiligten zu einer gezielten Förderung der „demokratischen Gesinnung“ aufgefordert. Nach zahlreichen gewalttätigen Übergriffen auf Ausländer und Asylbewerberheime war dieser Aufruf nur allzu berechtigt und notwendig. In diesem Text, der an die Wahl des ersten Bundespräsidenten (Theodor Heuss) erinnern sollte und der von Hildegard Hamm-Brücher angestoßen wurde, taucht im Übrigen an prominenter Stelle auch der systematisch und pädagogisch-didaktisch so überaus fruchtbare Begriff der „Demokratie als Lebensform“ auf.

Die Forderung der versammelten Bundespräsidenten nach einem spezifischen Demokratie-Lernen geht davon aus, dass auch die demokratische Gesellschaft der Bundesrepublik Wert auf die Förderung ihrer demokratischen Ideale und Prinzipien in den Schulen legen muss, dass also eine Schule in der Demokratie auch eine Schule der Demokratie sein soll.

LEITSÄTZE DER DEMOKRATIEERZIEHUNG

Immer wieder stützen neue Forschungsergebnisse zur Lage der Jugend und ihrer Probleme die Forderung, dass Erziehung zu Zivilität, Solidarität und Bürgerschaftlichkeit auch etwas mit einer allgemeinen Erziehung zur Demokratie zu tun hat. Hier muss die recht allgemeine Zustimmung, die die Idee der Demokratie findet, schon früh in reale „Erfahrung", d.h. in ein angemessenes „Verständnis" sozialer Lebensperspektiven in der demokratischen Gesellschaft überführt werden. Solche Erziehung muss bei den Schülerinnen und Schülern nicht nur kognitives Wissen anhäufen, sondern vor allem sozialmoralische Einstellungen und soziale Wertprinzipien altersgerecht entwickeln. Sie sollte sozial erwünschte Handlungsbereitschaften, interaktive Kooperationen, politische Entdeckungsfreude und soziale Dispositionen pflegen und fördern. Fördern heißt zugleich fordern und entgegenkommende Möglichkeitsräume schaffen, damit die erwünschten affektiv-moralischen Einstellungen geeignete Anregungen, Bestätigungen und Entwicklungsmöglichkeiten erhalten.

Aus den Schriften der vielen Autoren, die sich mit den Problemen unserer Demokratie und den Zukunftschancen der Zivilgesellschaft auseinandergesetzt haben, wissen wir, dass die politische Demokratie als Herrschaftsform auch eine feste sozial-moralische Unterfütterung in den Menschen selbst braucht, um erfolgreich etabliert werden zu können und langfristig stabil zu bleiben. Mit Kindern und Jugendlichen, die in der einen oder anderen Form zur Gewalttätigkeit neigen, die autoritäre Verhaltensstrukturen zeigen oder fundamentalistischen Denksystemen anhängen bzw. Anderen mit sozialer Rücksichtslosigkeit begegnen, lässt sich eine Demokratie als Herrschaftsform auf Dauer nicht stabil halten. Aus einer vertieften historischen und sozialen Erkenntnis heraus haben besorgte Autoren folgende Leitsätze als Erinnerung, Empfehlung und Mahnung formuliert:

- Niemand wird als Demokrat geboren!
  (Michael Greven)
- Demokraten fallen nicht vom Himmel!
  (Theodor Eschenburg)
- Noch nie war Demokratie ein Selbstläufer!
  (Siegfried Schiele)
- Demokratie ergibt sich nicht „naturwüchsig"!
  (Jürgen Habermas)
- Demokratie wird nicht einfach vererbt!
  (Hans-Peter Bartels)
- Demokratie muss gelernt werden,
  um gelebt werden zu können!
  (K. G. Fischer)
- Demokratie muss gelebt werden,
  um gelernt werden zu können!
  (Giesela Behrmann)

Die Liste solcher Äußerungen ließe sich noch beliebig verlängern. In ihnen wird bewusst gemacht, dass die Erziehung und die sozial-emotionale Lage von Kindern und Jugendlichen auch eine wichtige Systembedeutung für unsere Demokratie hat. Es gibt keine Demokratie ohne Menschen, die die Grunderfordernisse der Demokratie in ihrer Lebenswelt wertschätzend erlernt, praktisch eingeübt und mental verinnerlicht haben.

Demokratie bedeutet in diesem Zusammenhang: gegenseitige Anerkennung, soziale Kooperation und Teilhabe an Entscheidungen. Sie bedeutet Offenheit und ernsthafte Diskussion über die Grundlagen des gemeinsamen Zusammenlebens. Sie bedeutet schließlich Gewaltlosigkeit, Rücksicht, Empathie, Toleranz und Solidarität im Verhalten zu Anderen. Das „Große" fängt auch hier im „Kleinen" an. Demokratie wächst von unten nach oben und von innen nach außen. Demokratie-Erziehung muss bei denjenigen ansetzen, die noch jung und „ungeübt" sind. Kinder und Jugendliche sollen von Anfang an in ihrem Gegenüber die Universalität und Unteilbarkeit der Grund- und Menschenrechte als Wert erfahren und erkennen können. Sie sollen lernen, diese

Werte in ihrem konkreten Leben zu akzeptieren und zu praktizieren. Die Achtung der Würde, des Wertes und der Freiheit eines jeden anderen Menschen gehören dazu, allerdings auch das Streben nach Gerechtigkeit und die Anerkennung der Gleichwertigkeit und Gleichbehandlung in einer Welt voller Unterschiede und nicht zuletzt die Akzeptanz von legitimierter Herrschaft und die Achtung der Geltung des Rechts.

INTERPRETATIONEN VON DEMOKRATIE

Demokratie als Herrschaftsform

Der Begriff von Demokratie erweist sich bei näherer Betrachtung immer wieder als außerordentlich vielschichtig und vieldeutig. Er kann mit vielen Adjektiven und Appositionen versehen werden. Er kann verstanden oder missverstanden werden. Daher sollte sich jede Lehrkraft Rechenschaft darüber ablegen, welchen Sinn sie dem Begriff der Demokratie aus pädagogisch-philosophischer Sicht beilegen kann und will.

Gemeinhin bezeichnet der Begriff der Demokratie eine spezifisch politische, staatlich-institutionelle Herrschaftsform. In diesem Sinne beruht die „politische Demokratie" auf Volkssouveränität und Rechtsstaat, auf der verfassungsmäßigen Anerkennung der Menschen- und Bürgerrechte, auf Kontrolle der Macht und auf Gewaltenteilung, auf Repräsentation und Parlamentarismus, auf Parteienwettbewerb, Mehrheitsprinzip und Minderheitenschutz sowie auf der Gewährleistung einer fairen sozialen Sicherung für die Menschen. Allerdings grenzt dieser Begriff der Demokratie das Demokratie-Lernen auf den Bereich des Staates, seiner Funktionen und Aufgaben ein. Oft liegt der eingeengte Gegensatz von repräsentativer und direkter Demokratie nahe. Doch in der Realität gestalten sich die Dinge doch weitaus komplizierter.

In der neueren Literatur wird Demokratie inzwischen sehr viel weiter definiert. Aus philosophischer Perspektive wird Demokratie heute vielmehr als eine spezifische Form menschlicher, gesellschaftlicher und politischer „Kooperation" betrachtet. Sie wird als stets neuer gesellschaftlicher „Lernprozess", als ein stetiger gesellschaftlicher „Selbst- und Neuschöpfungsprozess" beschrieben, der von der Basis her immer wieder neu belebt werden muss. Demokratie kann also nicht als gesicherter „Zustand“ und nicht allein als „institutionelles Arrangement“ für die Staatsmacht betrachtet werden, sondern muss schon (oder gerade) in der Schule als stets gefährdetes „soziales Experiment“ erkannt werden, das sich in gewaltfreier sozialer Interaktion und in „Zusammenarbeit zu gemeinschaftlichen Zwecken“ stets – auch bei Rückschlägen – neu bewähren muss. Demokratie wird in ihrer Offenheit von zahlreichen Autoren zugleich als gesellschaftliches „Instrument“ der sozialen Reform, als „Medium“ gesellschaftlicher Wandlungsprozesse sowie als „Motor“ der Verbesserung der bestehenden Verhältnisse interpretiert. Damit gewinnt der Demokratiebegriff eine neue, lebensnahe, vor allem offene, zukunftsgerichtete, auch normative Dynamik. Lehrkräfte können sich hier als „ermöglichende Begleiter“ (und bei aller Zurückhaltung) durchaus auch als „perspektivenerweiternde Initiatoren“ schulischer Lernprozesse für die Demokratie verstehen.

Demokratie als Gesellschaftsform

Der seit Beginn der 90er Jahre aus den USA überkommene Diskurs über die Zivil- und Bürgergesellschaft hat in nachdrücklicher Weise aufgezeigt, dass die bisher vorrangig auf den Staat bezogene Demokratietheorie auch (wieder) in die gesellschaftliche Horizontale hinein verlagert und so verbreitert werden muss. Ebenso hat die empirische Forschung zum Übergang von Diktaturen zu „neuen“ oder „jungen“ Demokratien, die erst nach 1989 entstanden sind oder zu den neueren Versuchen einer Demokratiegründung in Russland, in Osteuropa, in Arabien und in Asien deutlich gemacht, dass die „politische Demokratie“, wie immer sie in der Welt formal-institutionell ausgestaltet sei, in spezifischer Weise eine breite zivilgesellschaftliche und individuelle Verankerung braucht, um dauerhaft „lebensfähig“ zu sein. Auf das Demokratie-Lernen bezogen heißt dies, dass es nicht nur institutionell auf den „Staat“ und nicht nur auf die „hohe“ Politik und die dort zu lösenden „Probleme“ ausgerichtet sein, sondern das Demokratie-Lernen auch „gesellschaftliches Lernen“ umfassen sollte, damit die Kinder und Jugendlichen erkennen lernen, in welche Gesellschaft sie hineinwachsen und welche Verhaltensweisen das Zusammenleben in einer demokratischen Gesellschaft prägen. Die Demokratie als Herrschaftsform ist auf eine ihr entgegenkommende Gesellschaftsform angewiesen.

Demokratie als Gesellschaftsform, als soziale Verankerung der politischen Demokratie, kann in Umrissen umschrieben werden 1. mit der Existenz des gesellschaftlichen Pluralismus (sozial, politisch, ethnisch, religiös etc., geprägt durch sehr unterschiedliche Verbände, Vereine und Initiativen), 2. mit einem funktionsfähigen System der autonomen gesellschaftlichen Konfliktregulierung (vielfältige Dialog-, Verhandlungs- und Mitbestimmungssysteme), 3. mit der Ausgestaltung eines fairen Systems von (sozialer und nachhaltiger) Marktwirtschaft (Sozialpolitik, Ökologie), dann 4. mit einer freien und vielfältigen Öffentlichkeit (Medien) und schließlich 5. mit einem breiten öffentlichen Engagement der Bürger (zivile Bürgergesellschaft). Die Auffassung, dass Demokratie nicht nur ein recht kompliziertes Herrschafts- und Regierungssystem ist, sondern auch als eine spezifische, sehr differenzierte „Gesellschaftsform" auf der Basis von interaktiver, kooperativer und sozialer Gegenseitigkeit interpretiert werden muss, war gerade jenen Autoren der frühen Politikwissenschaft und Soziologie in Deutschland besonders bewusst, die sich um eine gesellschaftlich-soziologisch fundierte „Demokratiewissenschaft" in der Nachkriegszeit verdient gemacht haben (Ernst Fraenkel/Ralf Dahrendorf). Die Elemente der „Demokratie als Gesellschaftsform" sollten für ein breiteres Demokratie-Lernen neben den Elementen der repräsentativen „Demokratie als Herrschaftsform" in konkrete Inhalte und Themen des Unterrichts umgewandelt oder an entsprechenden Beispielen oder Projekten schon in der Schule lebendig gemacht werden.

Demokratie als Lebensform

Aus der frühen Zeit der Demokratieanalyse in der Bundesrepublik ist neben der Demokratie als „Herrschaftsform" und der Demokratie als „Gesellschaftsform" auch eine dritte Interpretation überliefert. Sie umfasst die alltagsspezifische „Demokratie als

Lebensform", d.h. die besondere Form des sozialen Zusammenlebens der Menschen. Letztlich präsentiert sich die Demokratie hier als „soziale Idee". In der politischen Wissenschaft hat sich der Zweig der politischen Kulturforschung lange Zeit den hier relevanten Fragen von politischen Verhaltenseinstellungen der Menschen gewidmet und den Begriff „Demokratie als Kultur" geprägt. In neuerer Zeit findet man immer wieder Hinweise auf den erweiterten Interpretationsansatz der „Demokratie als Lebensform". Auch in der pädagogischen Psychologie taucht der Begriff „Demokratie als Lebensform" auf. Die neuere Reformbewegung in der Pädagogik schließt sich hier an. Kinder und Jugendliche sollen durch Erziehung eine wert- und handlungsorientierte Prägung für die Demokratie gewinnen. Denn jede Generation muss sich die Werte und Verhaltensweisen der Demokratie durch Assimilation und Adaption selbst aneignen. Zahlreiche Programme zur Konfliktregulierung und Mediation in der Schule sowie zur Gewaltprävention und gegen Rechtsradikalismus wurden inzwischen aufgelegt und durchgeführt und treffen damit die Probleme des lebensnahen „gesellschaftlichen" Zusammenlebens in einer Demokratie recht genau. Sie zielen auf die offenbar immer wieder neu notwendige demokratisch-politische Enkulturation und Sozialisation von Kindern und Jugendlichen. Sie zeigen, dass Demokratie immer auch auf einem Selbst- und Neuschöpfungsprozess beruht, da die Ambivalenz der menschlichen Natur und die Sprengkraft der unterschiedlichsten gesellschaftlichen Kräfte nicht naturwüchsig ein demokratisches Zusammenleben garantieren.

Die Interpretation von „Demokratie als Lebensform" geht also zurück an die Basis. Sie sucht in diesem Sinne Anschluss an die individual- und sozialmoralischen Grundlagen der bestehenden politischen Demokratie. Sie vermeidet allerdings die Versuchung, in einen weitläufigen, oft philosophisch überladenen Tugenddiskurs einzumünden (Lernen durch Appell, statt Lernen am Modell). Es geht nicht um Belehrung, sondern um die Ermöglichung der Sammlung von konkreten Erfahrungen mit lebens- und gesellschaftsnaher Demokratie in der vielfältigsten Form. Das ist gewiss nicht leicht! Es geht um das Wachstum dieser Erfahrung. „Demokratie als Lebensform“ kann insofern, wie vielfältige Begriffsprägungen zeigen, als Rückgrat, als Urform, als Keim- oder Vorform, als Unterfütterung, als Graswurzel oder sogar als Voraussetzung dafür angesehen werden, dass die Demokratie in ihrer Ganzheit wirklich gelebt und dauerhaft stabil bleiben kann. Zuweilen finden sich in der Literatur auch die Begriffe Alltags-Demokratie, Nahraum-Demokratie, oder Lebenswelt-Demokratie. Es wird gesprochen von der Mikro-Ebene der Demokratie oder von Demokratie im alltäglichen Vollzug.

Die Demokratie wird also inzwischen nicht mehr (allein und ausschließlich) „politisch“ oder etatistisch-institutionell (als Staatsform) interpretiert, sondern bis in die gesellschaftlichen Rahmenbedingungen und in die zwischenmenschlichen Verhaltensweisen hinein zurückverfolgt. Sie wird auf die Aktivitäten der gesellschaftlichen Gruppen und auf die Interaktionen in Stadtteilen, Familien, Schulen und Klassenzimmern zurückprojiziert. Gemeint ist dabei die face-to-face-Ebene der Demokratie. Dabei geht die Interpretation der Demokratie als Lebensform tiefer als der Ansatz der Demokratie als Herrschaftsform und noch tiefer als der Ansatz der Demokratie als Gesellschaftsform. Im Konzept der Demokratie als Lebensform finden sich jene theoretischen Ansatzpunkte, die es z. B. sehr viel leichter machen, trotz aller Widrigkeiten auch von „Demokratie in der Schule“ oder von einem „demokratischen Klassenzimmer“ zu sprechen.

Die Abbildungen 1 und 2 zeigen in kurzer, übersichtlicher Form, was in diesem Text über Demokratie als Lebens-, Gesellschafts- und Herrschaftsform sowie über die schulische Einordnung des Konzepts von Demokratie-Lernen ausgesagt wurde.

Herrschaftsform
Menschenrechte/Rechtsstaat
Wahlen/Volkssouveränität
Parlamentarismus/ Parteienwettbewerb
Gewaltenteilung
soziale Sicherung

Gesellschaftsform
Pluralismus
soziale Differenzierung
friedl. Konfliktregelung
Konkurrenz/Marktwirtschaft
Offenheit/Öffentlichkeit
Zivilgesellschaft

Lebensform
Zivilität/Fairness
Toleranz
Vielfalt der Lebensstile (pursuit of happiness)
Chancenvielfalt
Solidarität
Selbstorganisation

Abb. 1: Demokratie in komplexer Wechselwirkung

Demokratie →	**Lebensform** (personale, soziale, moralische Voraussetzungen)	**Gesellschaftsform** (Pluralismus, Konflikt, Konkurrenz, Öffentlichkeit, Zivilgesellschaft)	**Herrschaftsform** (Demokratie/ Politik, Macht, Kontrolle, Menschenrechte, Volkssouveränität, Recht, Entscheidungsverfahren)
Ziele/Stufen	**„Selbst"-Lernen Ich-Kompetenz**	**soziales Lernen soziale Kompetenz**	**Politik-Lernen Demokratie-Kompetenz**
Grundschule	xxx	xx	x
Sek. I	xx	xxx	x
Sek. II	x	xx	xxx

xxx Schwerpunkte

Abb. 2: Erziehung/Bildung zur „demokratiekompetenten Bürgerschaftlichkeit

SCHULISCHE RELEVANZ

Insgesamt ergibt sich ein recht weites und dichtes Netz der Argumentation zugunsten eines neuen praktischen, lebens- und alltagsnahen Demokratie-Lernens in Schulen. An dieser Stelle lässt sich nur andeuten, dass die Dreiteilung des Demokratiebegriffs in: Demokratie als Herrschaftsform, Demokratie als Gesellschaftsform und Demokratie als Lebensform Ausgangspunkt eines neuen Demokratie-Lernens sein kann, fachlich plausibel abgesichert, bildusngspolitisch auf breiter Basis legitimiert und pädagogisch einleuchtend begründet werden kann. Jede Ebene hat ihre eigene schulische Relevanz. Doch erst in der Verknüpfung der drei Ebenen Lebensform, Gesellschaftsform und Herrschaftsform und unter Berücksichtigung der diesen drei Ebenen eigenen Dynamik und Besonderheit liegt der ganze „Pfiff".

Das Demokratie-Lernen in der vorgetragenen Dreiteilung kann in pädagogisch-didaktischer Sicht analytisch mit den je differenzierten Aufgaben der verschiedenen Schulstufen verknüpft werden. Es kann die Dreiteilung von Lebenshilfe, sozialem Lernen und politischem Lernen (G. Breit) in sich aufnehmen. Hier sind jeweils eigene Schwerpunkte in den jeweiligen Schulstufen denkbar. Die fachlichen Anforderungen der drei Demokratiebegriffe lassen sich ebenso differenziert in Beziehung setzen mit den Entwicklungsphasen und Erfahrungshorizonten der Kinder und Jugendlichen (Abb. 2). Lerntheoretisch ergibt sich eine enge Beziehung zu den Ansätzen von Jean Piaget und Lawrence Kohlberg. Auch die konkrete Schulkultur und die praktizierte Unterrichtsform kommen hier ins Blickfeld. Schülerinnen und Schüler sollten die persönlichen, sozialen und die politisch-institutionellen Herausforderungen, die das komplexe „Projekt Demokratie" – auch die Gefahren und Schwierigkeiten, denen es immer wieder ausgesetzt ist, – konkret kennen und darüber nachdenken lernen (John Dewey: „thinking about what we are doing"). Kinder und Jugendliche müssen doch – fast wie in einem Schnellkurs – in ihrer Person jene Entwicklungen nachvollziehen, die das Projekt der Demokratie – mit allen Erfolgen, Brüchen und Fehlentwicklungen – historisch bereits hinter sich hat. Schülerinnen und Schüler sollten dieses Projekt gemäß selbst gewonnener „Erfahrungen" schließlich schätzen lernen, um es später selbst tragen, verteidigen und weiterführen zu können.

Es gilt, dass Kinder bereits in der Eingangsstufe „Am Kleinen das Große" lernen. Daher sollte die zivilbürgerliche Bildung der Kinder mit der Gewinnung von Erfahrungen im Umfeld der Demokratie als Lebensform bereits in den Grundschulen beginnen, sonst hängt die Demokratie als Gesellschafts- und Herrschaftsform für die Jugendlichen später gleichsam „in der Luft". Das „Konkrete", das „Allgemeine" und das „Elementare" liegt darin, dass Kinder und Jugendliche zunächst vertiefte Erfahrungen in der Demokratie als sozial-kooperative, d. h. Verantwortung einübende sowie auf Gewaltverzicht und Toleranz beruhende, aber nicht konfliktlose oder schlicht „harmonische" Lebensform sammeln können. Schülerinnen und Schüler sollten auch lernen, dass Demokratie auch eine „stete Kränkung des selbstgewissen Egos" (Rolf Wernstedt) ist, das sich im Ertragen eines stets ungeliebten Kompromisses und der oft langwierigen demokratischen Diskussions- und Aushandlungsprozesse so schwertut; ein Ego, das oft wenig geneigt ist, sich selbst den harten Anforderungen an das aktive Bürgerdasein zu stellen: nämlich persönlich Zeit, Energie und Sachverstand einzusetzen, um zusammen die als wichtig erachteten Belange der Gemeinschaft zu definieren und ihnen praktische Geltung zu verschaffen. Die Demokratie ist kein beliebiges System, an das man einfach Ansprüche stellen, von dem man ohne eigenes Zutun Bedürfnisbefriedigung einfordern oder Wohltätigkeit erwarten kann, sondern es ist ebenso ein System der gesellschaftlichen Selbstverwaltung, das seinerseits Ansprüche an das Individuum stellt, Eigenverantwortung fordert sowie die Sorge um das eigene Wohl und um die Belange der Gemeinschaft von jeder Person erwartet.

Eine kritische Einstellung ist insgesamt unerlässlich. Kritische Loyalität und Vertrauen können als die tragenden Prinzipien unserer Gesellschaft und des Staates gelten. In der Schule wirkt jede Art des politischen Zynismus oder jede der Spielarten von Missachtung des Eigenwerts eines jeden Kindes und Jugendlichen oder auch die Instrumentalisierung der Schülerinnen und Schüler durch die Lehrkräfte über die Maßen kontraproduktiv. Hier hat die Vorbildfunktion der Lehrkräfte eine besondere Bedeutung. Schülerinnen und Schüler lernen nicht nur „von“ der Lehrkraft, sondern vor allem auch „an“ der Lehrkraft. Lehrkräfte sowie Schülerinnen und Schüler müssen die in der Demokratie geltenden Prinzipien der kooperativen Wechselseitigkeit, der gegenseitigen Anerkennung und der friedlichen Konfliktregulierung zu gemeinsamen Zwecken immer wieder neu reflektieren und praktisch neu einüben.

Die Lehrkräfte werden also nicht aus ihrer Verpflichtung entlassen, um die Demokratie-Politik, die Demokratie-Pädagogik und das Demokratie-Lernen selbst effektiv zu stärken, so schwierig und beschwerlich sich diese Aufgabe in der Praxis auch darstellen mag. Die Gesellschaft ist darauf angewiesen, dass alle am Projekt des Demokratie-Lernens mitwirken. Das „Wachstum an Erfahrung“ mit Demokratie sollte daher didaktisch im Zentrum gerade dieser Form der bürgerschaftlichen, der demokratisch-politischen Bildung stehen. Demokratie ist – so gesehen – für jede neue Generation immer noch ein Zukunftsprojekt.

Im Spektrum der möglichen Zugangsweisen zu einem modernen Konzept des Demokratie-Lernens sollte man aus pädagogischer Sicht nach dem bisher Gesagten außerdem berücksichtigen: Demokratie im Unterricht und Demokratie in der Schule lassen sich nicht einfach am Modell der Demokratie als Herrschaftsform messen oder entwickeln. Die Welt der Schule lässt sich nicht umstandslos mit den Maßstäben der „Welt dort draußen“ in Übereinstimmung bringen (Theodor Wilhelm). Demokratie ist ein Begriff der Politik, der gewiss nicht ohne weiteres auf die Erziehung übertragbar ist. Volksherrschaft, Selbstregierung, Kontrolle aller eingesetzten Macht- und aller öffentlichen Funktionen durch Wahlen und Parlamente, Gesetze und Rechtsordnung – das alles passt nicht auf die Erziehungsverhältnisse, und wenn ein Schülerparlament oder eine Familienkonferenz eingerichtet werden, so hat das natürlich auch ganz andere Funktionen, eine andere Qualität als die Organe der Demokratie. „Demokratische Erziehung" kann also nur bedeuten: eine Erziehung, welche der Staats- und Gesellschaftsform „Demokratie" entspricht, sich mit ihren Prinzipien im Einklang befindet, ihr zuarbeitet in dem Sinne, dass sie die Kinder befähigt, Demokraten zu werden, Bürgerinnen und Bürger eines demokratischen Gemeinwesens, wenn möglich sogar entschiedene Verwirklicher und Verteidiger der Demokratie (Andreas Flitner).

Oft wird diesem Denkansatz entgegengehalten: Schule ist eine staatliche Anstalt. Es besteht Schul- und Anwesenheitspflicht. Schülerinnen und Schüler, die ihrer Schulpflicht nicht nachkommen, können der Schule zwangsweise zugeführt und ihre Eltern sanktioniert werden. Die Gesamtschülerschaft ist nicht der Souverän der Schule. Alle Schulgewalt geht nicht von ihr aus. Die Schülerinnen und Schüler können ihre Lehrer nicht selbst wählen oder abwählen. Die Lehrerinnen und Lehrer sind für die Schüler sowohl Vertreter der Erwachsenenwelt als auch Vertreter des staatlichen Erziehungsauftrages. Die Schülerinnen und Schüler müssen lernen, was die Lehrpläne, Rahmenrichtlinien und Schulbücher vorgeben. Sie sind der Zensurengebung durch die Lehrkräfte unterworfen. Sie werden benotet, geprüft, sortiert und schließlich auch „aussortiert". Wie kann man unter diesen Umständen überhaupt von Demokratie in der Schule oder im Unterricht sprechen? Welche Erfahrungen um und mit Demokratie können Schülerinnen und Schüler dabei sammeln?

Sicher ist die Lage aber nicht so „schlimm", wie man angesichts dieser Aussagen vermuten könnte. Doch die politische Demokratie und eine demokratische Gesellschaft sind auf „entgegenkommende Lebensformen" (Jürgen Habermas) in den Schulen angewiesen. Ein demokratischer Unterrichtsstil unterscheidet sich dementsprechend von einem autoritären, aber auch von einem laisser-faire-Stil. Die Schulgesetze geben in ihrem Bildungsauftrag den Schulen und den Lehrkräften die wichtigsten demokratietheoretischen Ziele vor. Sie enthalten Regelungen für Schülervertretungen, Schulversammlungen, Klassenräte, Klassensprecher, Schulsprecher, Schülerzeitungen ebenso wie für die Elternvertretung und für die Gesamt-, Fach- und Klassenkonferenzen etc. Sie grenzen die Rechte und Pflichten der jeweils beteiligten Gruppen und Personen gegeneinander ab. An diesen Regelungen lassen sich Einzelaspekte der Demokratie exemplarisch deutlich machen.

All' dies ist aber nur ein äußerst schwacher Abglanz dessen, was man sich unter einer lebendigen „Demokratie" im Sinne einer Kultur der gegenseitigen Anerkennung in der Schule vorstellen kann. Oft erstarren die genannten Regelungen oder Institutionen zu Formalien und Ritualen, die in der Praxis eher wenig Bedeutung für die Schülerinnen und Schüler haben. Sie sind allerdings wichtig und nicht unwesentlich. Von zentraler Bedeutung ist, wie sie gehandhabt werden und was Schulen und Lehrkräfte daraus machen. Über die gesetzlichen Regelungen hinaus muss jede Schule ihren eigenen Weg finden, wie kooperatives und selbständiges sowie offenes und praxisnahes Lernen organisiert werden kann. Jede Lehrkraft muss hier ihre eigenen Vorstellungen entwickeln.

EBENEN DES DEMOKRATIE-LERNENS

Im Folgenden sollen in einem Zwischenschritt zehn Ebenen angesprochen werden, die für das Sammeln realer Erfahrungen mit Demokratie in der Schule von hoher Bedeutung sind:

1. Die erste Ebene betrifft die Beziehungen zwischen den Lehrkräften und der Schülerschaft. Diese Beziehungen sollten auf einem „demokratischen Erziehungsstil" (Kurt Lewin) beruhen, der auf wechselseitiger Achtung, auf gegenseitiger Anerkennung und auf Vertrauen aufbaut. Auch Schülerinnen und Schüler haben – bei allen patronatsorientierten Erziehungsbemühungen – Rechte, vor allem das Recht auf Respekt vor ihrer Persönlichkeit. Darüber hinaus gilt der pädagogische Grundsatz, dass, wer „Partizipation" von Schülerinnen und Schülern am Unterricht erwartet, zunächst selbst am Leben und an den Problemen der Schülerinnen und Schüler partizipieren sollte, um deren Sorgen und Nöte kennenlernen und verstehen zu können. Erst dann kann sich eine vertrauensvolle, gleichberechtigte und kenntnisreiche Wechselseitigkeit der Beziehungen zwischen den Lehrkräften und den Schülerinnen und Schülern herstellen.
2. In gleicher Weise muss die Ebene der Beziehungen unter den Schülerinnen und Schülern einbezogen werden. Die vielen einschlägigen Ansätze des „Sozialen Lernens", des Lernens im Umgang mit Emotionen, mit Konflikten, Fremdem und Besonderheiten zeigen die Ziele und die Methoden des Erlernens eines demokratischen Miteinanders unter den Schülerinnen und Schülern, des Erlernens von Toleranz, von Selbstvertrauen, von Selbstbestimmung und von Selbstkontrolle im sozialen Kontext.
3. Aus dem Zusammenwirken der beiden erstgenannten Ebenen kann sich die Atmosphäre eines „demokratischen Klassenzimmers" (Rudolf Dreikurs) ergeben, in der auch die schwierigen,

die unangepassten und die fremden Schülerinnen und Schüler integriert werden können und in dem ein insgesamt förderliches Lernklima erzeugt werden kann. Disziplinlosigkeit von Schülerinnen und Schülern sollte nicht vorschnell der „schlechten Erziehung“ zugerechnet und den Eltern oder dem Umfeld zugeschrieben werden, sondern auch als „undemokratisches Verhalten“ gegenüber den Lehrkräften und den Mitschülern betrachtet werden.

4. Mehrere solcher „demokratischen Klassenzimmer“ können dann zu einem „demokratischen Schulklima“ führen, in das sich das Kollegium selbst mit einbinden lassen muss. Schulische Konflikte sollten in demokratischen Verfahren reguliert werden, um in der Schule die Basis für eine demokratische Bürgergesellschaft zu legen und die Schule zur „Schule der Demokratie“ zu entwickeln.
5. Der engere Fachunterricht zur politischen Bildung kann trotz sehr begrenzter Wirkungsmöglichkeiten durchaus als Initialzünder solcher Prozesse der Demokratiepflege fungieren. Politische Bildung sollte sich dementsprechend auf ihre Kernaufgabe des Demokratie-Lernens besinnen, sonst bleibt sie inhaltlich für die Schülerinnen und Schüler so relativ randständig wie bisher. Sie sollte entsprechende Erfahrungen ermöglichen, Möglichkeiten der Erprobung schaffen, Grenzen des Demokratie-Lernens reflektieren und vor allem konkrete demokratiepädagogische Erfahrungs- und Handlungsfelder erschließen.
6. Die Unterrichtsinhalte und die Unterrichtsformen sollten mit den Intentionen und Qualifikationszielen des so definierten Demokratie-Lernens konformgehen. Vom Demokratie-Unterricht müssen übergreifende, handlungsorientierte Projekte des demokratischen Handelns in der Schule ausgehen. Dazu bedarf es eines offenen, fächerübergreifenden und kommunikativen Unterrichts, in dem die Schülerinnen und Schüler auch Erfahrungen mit den vielen Schwierigkeiten, Problemen, Hemmnissen, Konflikten und Anforderungen des demokratischen Willensbildungs- und Entscheidungsprozesses sammeln. In Projekten lässt sich anhand konkreter Probleme das Lernen von Demokratie als Lebensform („Ich-Bezug“, „Wir-Be-

zug") mit Ansätzen des Lernens von Demokratie als Gesellschaftsform und von Demokratie als Herrschaftsform wohl immer noch am besten verknüpfen. In solchen Projekten des „Demokratischen Handelns" werden auch konkrete und elementare Formen direkter Demokratie sichtbar, da Schülerinnen und Schülern anhand konkreter Probleme auch eigene konkrete Mitwirkungs- und Gestaltungsperspektiven angeboten werden können. Denn: Demokratie-Lernen vollzieht sich kaum allein anhand von Textlektüre aus dem Schulbuch oder Frontalunterricht durch die Lehrkräfte.

Zu all' diesen Ebenen des Demokratie-Lernen gibt es in der Literatur inzwischen außerordentlich vielschichtige Hinweise. Demokratie-Lernen erschöpft sich, dies sei als Erweiterung angemerkt, freilich nicht allein in den genannten sechs Ansatzpunkten. Vielmehr bedarf das Demokratie-Lernen in der Schule eines entsprechenden Umfeldes und gleichgerichteter Aktionsfelder. Daher sollen vier weitere Ebenen des Demokratie-Lernens zumindest angesprochen werden:

7. Zu nennen wären hier die neueren Programme für die Bildung von Jugendforen, Kinder- und Jugendbeiräten oder Kinder- und Jugendparlamenten in den Kommunen und Stadtteilen. Hier liegt ein weiteres Feld „animatorischer" Demokratie-Pädagogik.
8. Auch die Bildung von „Jugend-Netzwerken" aus Schulen, Verbänden, Vereinen, Gruppen, Initiativen etc. kann wesentlich zur sozial-kooperativen Demokratie-Bildung in der Schule beitragen und den Gemeinschaftssinn fördern.
9. In einem weiteren Bereich bedarf es oft auch der „nachholenden" demokratischen Beteiligung der Eltern, damit sie ihren Beitrag erbringen für die Schulentwicklung, für die Förderung der Nachbarschaft, für die soziale Ausfüllung des kommunalen Gemeinschaftslebens.
10. In Sonderfällen muss schließlich eine begleitende Sozial- und Jugendpädagogik einbezogen werden, die besondere Kinder- bzw. Jugend-Delinquenz-Programme durchführt und die allgemeine „civic education" unterstützt.

WIRKUNGSSTUDIEN IM VERGLEICH

Über neue Konzepte wie das hier vorgetragene und bereits vielfach erprobte Modell des Demokratie-Lernens nachzudenken, liegt ebenso nahe wie eine kritische Analyse über die Wirksamkeit der klassischen Politischen Bildung. Im Rahmen einer Standortbestimmung der Politischen Bildung (Heinrich Oberreuter 2009) monierte Siegfried Schiele (Schiele 2009), dass die derzeitig angebotene Politische Bildung an Schulen stark oberstufenlastig, recht akademisch und abstrakt angelegt sei. Diese Art der Politischen Bildung könne die Adressaten nicht wirklich erreichen. Es sei demgegenüber auf ganzer Linie eine fachliche und didaktisch orientierte Elementarisierung ihrer Inhalte, Methoden und Formen des Unterrichts notwendig. Einen besonderen Mangel sieht Schiele im Fehlen von attraktiven Angeboten für die Grundschule, für die Berufs- und Hauptschulen sowie für die Realschulen. Kritisiert wird die vorrangig gymnasiale Ausrichtung des Fachunterrichts, der sich vor allem an die Oberstufe richte.

Joachim Detjen (Detjen 2009) beklagt demgegenüber, dass die curriculare Verankerung des Faches in der Schule die wichtigsten Adressaten, vor allem die Schülerinnen und Schüler aus den bildungsfernen Milieus nicht erreiche, da diese den entsprechenden Anforderungen nicht gewachsen seien, sich verweigerten und im Übrigen auch von den Fachdidaktikern und Lehrkräften zu wenig beachtet oder angesprochen würden.

Anja Besand (Besand 2009) wiederum verweist auf die offensichtliche politische Apathie von Jugendlichen. Jugendliche hätten Schwierigkeiten, politische Fragestellungen jenseits von offiziellen Institutionen und sichtbaren Personen zu analysieren, zumal in ihrer Lebenswelt wiederzuerkennen und wahrzunehmen. Die Politikdidaktik selbst habe die Schwierigkeit, die Jugendlichen überhaupt zu erreichen, den Jugendlichen politische Fragestellungen in ihrem Alltag angemessen sichtbar zu machen und deren Bedeutung zu erläutern. Die Politische Bildung selbst setze auf Nüchternheit, Abstraktion und Reflektion politischer Geschehnisse und gehe dabei an den Erfordernissen von Konkretion, Erfahrung und Emotion vorbei. Schließlich greife die Politische Bildung die Probleme, Auseinandersetzungen und Zukunftsfragen der Jugendlichen unzureichend auf. Hier sei mehr Handlungs- und Schülerorientierung vonnöten.

Während sich diese Positionen selbstkritisch mit der etablierten Politischen Bildung auseinandersetzen, hat auch das neu entstandene Demokratie-Lernen/die Demokratie-Pädagogik vonseiten der Politikdidaktik Kritik erfahren. Diese Kritik richtet sich vor allem darauf, dass auch die Wirksamkeit der entsprechenden Bildungsanstrengungen bisher noch nicht nachgewiesen sei. Außerdem sei das in der Demokratiepädagogik oft vorherrschende Soziale Lernen nicht schon als Politische Bildung anzusehen. Schließlich beruhe das Demokratie-Lernen/die Demokratiepädagogik auf der Illusion eines automatischen Transfers vom Elementaren/Sozialen (Lebenswelt) hin zum übergreifenden demokratisch-politischen System (Systemebene).

Sicherlich kann sich niemand, der neue Wege der betont demokratieorientierten Bürgerschaftsbildung geht, vor Missverständnissen oder krassen Fehldeutungen schützen. Das sind die klassischen Nebenwirkungen von Innovationen. Es sind die kaum zu vermeidenden Begleiterscheinungen neuer Wegmarken.

Allerdings hat die Neuorientierung von einer lernziel- hin zu einer kompetenzorientierten Lehr- und Lernorientierung in den einzelnen Fächern Studien zum Bildungsstand deutscher Schülerinnen und Schüler im internationalen Vergleich angestoßen. Die PISA-Studie der Organisation für wirtschaftliche Zusammenarbeit und Entwicklung (OECD) aus dem Jahre 2001 hat z. B. für Deutschland deprimierende Ergebnisse im Bereich der Beherrschung der Muttersprache sowie der mathematischen und naturwissenschaftlichen Kenntnisse gezeitigt (Oesterreich 2002). Auch in der fachspezifischen Untersuchung zur „civic education“ der International Assosiation for the Evaluation of Educational Achievment (IEA) in 28 Ländern aus dem Jahre 1999 erreichten deutsche Schülerinnen und Schüler nur unterdurchschnittliche Ergebnisse (Torney-Purta 1999). Allerdings wurde in beiden Untersuchungen noch kein besonderer Bezug der Ergebnisse in den einzelnen Ländern zu den spezifischen Konzepten der demokratisch-politischen Bildung in diesen Ländern hergestellt. Die Wirksamkeit der jeweiligen Arten, Konzepte oder Modelle von politisch-demokratischer Bildung bzw. des Demokratie-Lernens in der Schule kann also nach den vorliegenden Vergleichsstudien nicht abschließend eingeschätzt werden. Im Nachgang zu den genannten internationalen Untersuchungen sind in Deutschland zahlreiche Einzelstudien etwa zum Stand des Verhältnisses von „Jugend und Politik", von „Jugend und Demokratie" oder ganz allgemein zu den Einstellungen von Jugendlichen zu Politik und Demokratie erstellt worden. Die Serie der allgemeinen Befragungen zu den politischen Orientierungen Jugendlicher brachte nur zum wiederholten Male die „Unzufriedenheit" im Sinne der Politik- und Demokratieskepsis zum Vorschein, denen die etablierte Politische Bildung bisher nicht wirksam entgegentreten konnte.

Im Gesamtkontext der Wirkungsforschung bedürfte es dringend weiterer Studien, die sich das Potential der vielfältigen Einwirkungen der Schulen auf die demokratischen Einstellungen, Dispositionen und Haltungen sowie auf die realen Handlungsorientierungen der Jugendlichen zum Thema machen. Schon die vorliegenden, allerdings oft noch nicht den breiten Kern des Themas der Demokratiepädagogik treffenden Untersuchungen zeigen, dass die Einflüsse des Elternhauses, der Freundes- und Freizeitkreise, des sozialen und wirtschaftlichen Umfeldes fast unentwirrbar ineinandergreifen, so dass einzelne Einflussfaktoren kaum zu trennen sind und sehr unterschiedliche Folgerungen gezogen werden können. So haben etwa auch empirische Studien aus dem anglo-amerikanischen Bereich gezeigt, dass nicht nur verschiedene Studien, sondern auch Untersuchungen auf der Grundlage des gleichen Erhebungs- und Untersuchungsmaterials sehr variieren können. Hier bedarf es also auch noch weiterer Klärungen der Validität der Evaluationsforschung. Trotz dieser Ungewissheiten und Forschungsdefizite bleibt die Forderung im höchsten Grade plausibel, dass Demokratie gelebt werden muss, um gelernt werden zu können, und dass sie gelernt werden muss, um gelebt werden zu können. Ohne die Probleme und Differenzen abschließend klären und die damit zusammenhängenden Fragen beantworten zu können, sollen im Folgenden weitere Beispiele des Demokratie-Lernens vorgestellt werden, die aus dem breiten Reservoir des Förderprogramms „Demokratisch Handeln" des Jahres 2015 entnommen sind. Diese Beispiele haben Aufforderungscharakter (Förderprogramm 2015).

BEISPIEL 2: DEMOKRATISCH HANDELN ALS WAHLKURS

Ein Projekt des Carl-von-Ossietzky-Gymnasiums in Hamburg

Das Ergebnis

Die Schülerinnen und Schüler der Mittel- und Oberstufe des Carl-von-Ossietzky-Gymnasiums engagieren sich in ihren jahrgangsübergreifenden Wahlpflichtkursen für das Thema „Menschenrechte". Über eine Vielzahl an praktischen Auseinandersetzungen mit und über dieses Thema organisieren sie verschiedene Aktionen, die sich immer an aktuellen Begebenheiten orientieren.

Was wurde getan?

Die Schülerinnen und Schüler der Mittel- und Oberstufe des Carl-von-Ossietzky-Gymnasiums arbeiten in den schulintern angebotenen, jahrgangsübergreifenden Wahlpflichtkursen zum Oberthema „Menschenrechte". Diese Wahlpflichtkurse sind im Schulcurriculum fest verankert und verfolgen das Ziel, dass die Schülerschaft sich Grundlagen des Projektmanagements, Handlungs- und Partizipationsvermögen sowie Urteils- und Diskursfähigkeit aneignet. Dies soll über eine Vielzahl an praktischen Auseinandersetzungen mit dem Thema „Menschenrechte" geschehen. Das Engagement für Menschenrechte im Wahlpflichtkurs setzt sich aus den grundlegenden Kenntnissen über Menschenrechte und NGOs sowie über die Verständigung mit der Zivilgesellschaft zusammen. Es werden kleinere und größere Projekte rund um dieses Thema durchgeführt. Der aktuelle Bezug zum Thema „Geflüchtete" wird in den Aktionen hergestellt. Die Schülerinnen und Schüler organisieren selbstständig einen Boatpeople-Flashmob in ihrer Stadt, um auf die Belange von Geflüchteten in Hamburg aufmerksam zu machen. Sie veranstalten weiterhin eine Demonstration gegen Waffenexporte und machen über selbst entwickelte Flyer, Poster und Sticker die Öffentlichkeit auf dieses Problem aufmerksam. Mit der Aktion „Sammeln gegen die Kälte" werden Sachspenden für Obdachlose und Geflüchtete in der Aula der Schule gesammelt und der rollenden Kleiderkammer und der Suppenküche Zongo übergeben, damit sie bedürftigen Menschen helfen und ihnen den Winter in Hamburg erleichtern. Das Engagement dieser jahrgangsübergreifenden Wahlpflichtkurse und die damit verbundene Aufmerksamkeit ihrer Aktionen in der Öffentlichkeit werden 2016 fortgesetzt.

Was war daran bemerkenswert?

Beispielsweise:

- Die Schülerinnen und Schüler übernehmen Verantwortung für ihre Umwelt und gestalten den Meinungsbildungsprozess ihrer Stadt durch Aktionen, Flashmobs und Veröffentlichungen aktiv mit. Sie handeln dabei organisiert und zielgerichtet.
- Die Schülerinnen und Schüler machen in ihren Aktionen vor allem auf den grundlegenden, gesellschaftlichen Wert der Menschlichkeit aufmerksam.
- Neben dem allgemeinen Projektmanagement stärken sie ihre Urteils- und Diskursfähigkeit.

BEISPIEL 3: RES PUBLICA – PARTIZIPATION IN HAMBURG

Ein Projekt der Stadtteilschule Kirchwerder in Hamburg

Das Ergebnis

Die Arbeitsgemeinschaft „Res Publica" ist ein von Schülerinnen und Schülern getragenes Projekt an der Hamburger Stadtteilschule Kirchwerder in Kooperation mit der Bezirksverwaltung. Ihr Ziel ist die aktive Partizipation der Jugendlichen an demokratischen Entscheidungsprozessen. Seit 2015 beteiligen sich die Schülerinnen und Schüler auf der konzeptionellen Basis von Freiwilligkeit und Verbindlichkeit an regionalen Parlaments- und Ausschusssitzungen und nehmen aktiv und transparent an den Planungen der Schulentwicklungen teil.

Was wurde getan?

Das Konzept beruht auf der Verbindung von Freiwilligkeit und Verbindlichkeit. Die Schülerinnen und Schüler der Sekundarstufe 2 planen und organisieren im Rahmen der AG ihre Tätigkeiten selbstständig. Dabei fungiert eine Lehrkraft als begleitender Tutor. Die AG protokolliert einmal jährlich ihre Ergebnisse gegenüber der Schulleitung in der Schülerschaft. Die Sitzungen spielen nur eine untergeordnete Rolle, denn die Hauptaufgaben liegen außerhalb der Schule. So sind die AG-Teilnehmenden unter anderem als Gasthörer im Jugendhilfe- und im Regionalausschuss des Bezirks vertreten. Zusätzlich pflegen zwei Teilnehmerinnen Kontakt zum Hamburger Projekt „Jugend im Parlament". Angestoßen durch den Workshop „Jugendbeteiligung im Bezirk" folgt der Theorie die praktische Umsetzung der Partizipation. Im Rahmen dieses jährlichen Workshops ist 2014 die Website www.jugendbeteiligung-bergedorf.de entstanden. Das Portal dient der Sammlung und redaktionellen Ausarbeitung von Berichten verschiedener Workshops und Aktionen zum Thema „Partizipation von Jugendlichen in der Lokalpolitik". Die AG unterstützt das Portal mit Fotos und Texten. Sie ist außerdem in der Schulentwicklungsgruppe, die aktuell mit den Planungen eines Neubaus der Kirchwerder Schule beschäftigt ist, vertreten. Die Gruppe setzt sich das Ziel, für die Transparenz der Planungsvorhaben innerhalb der Schülerschaft zu sorgen, da die konkreten Planungen kaum den Weg in die schulische Diskussion gefunden haben. Die AG selbst fungiert dabei als Ansprechpartner. Ziele für die Zukunft sind unter anderem der Ausbau der gezielten Aufklärung der Schülerschaft durch Projekte und Informationsveranstaltungen, um so eine aktivere Partizipation zu ermöglichen.

Was war daran bemerkenswert?
Beispielsweise:

- Sowohl das Konzept als auch die Umsetzung des Projektes haben Modellcharakter. Es ist ein gelungenes Beispiel für Partizipation und die Verankerung der Schule in der praktischen Politik.
- Die Schülerinnen und Schüler erwerben Demokratiekompetenz und gestalten ihre Umwelt aktiv mit. Sie informieren sich, hören zu, reflektieren Prozesse, erörtern eigene Handlungsspielräume und tragen maßgeblich zur Transparenz der schulinternen und bezirkspolitischen Entscheidungsprozesse bei.
- Bemerkenswert ist auch die besondere Position der AG innerhalb eines selbst geschaffenen Netzwerkes. Sie ist Ansprechpartner, pflegt Kontakte zur Regionalpolitik sowie Jugendorganisationen und liefert Material für das Portal „Partizipation von Jugendlichen in der Lokalpolitik".

BEISPIEL 4: DEMOKRATIEPATEN

Ein Projekt der Grundschule Bad Münder in Bad Münder (Niedersachsen)

Das Ergebnis
Schülerinnen und Schüler informieren als „Demokratiepaten" ihre Mitschüler der ersten Klassen über die Bedeutung des Klas-

sensprechers und der Schülervertretung und erläutern anhand dessen die Funktionsweise der demokratischen Wahl.

Was wurde getan?

Die Grundschule Bad Münder bringt seit dem Halbjahreswechsel im Februar 2013 „Demokratiepaten“ aus dem Kreis der Klassensprecher hervor, welche den Schülerinnen und Schülern der ersten Klassen die elementaren Aufgaben- und Zuständigkeitsbereiche eines Klassensprechers nahebringen sollen und die wesentlichen Grundzüge einer demokratischen Wahl erläutern. Aus dem Ziel heraus, die demokratische Mitwirkung der Schülerinnen und Schüler an der Grundschule zu fördern, hat sich seit 2011 der Aufbau einer Klassensprechervertretung etabliert. Zwei Jahre später kommt innerhalb einer Nachbesprechung der Klassensprecherwahlen bei den Schülervertretern der Gedanke auf, wie man den ersten Klassen die Rolle des Klassensprechers und die Merkmale einer demokratischen Wahl genauer erläutern kann. Aus diesem Grund entstehen die „Demokratiepaten“. Es erklären sich Kinder der dritten und vierten Jahrgangsstufe der Schülervertretung bereit, eine Präsentation für ihre jüngsten Mitschüler zu konzipieren und durchzuführen. Mithilfe eines selbst entwickelten „Handbuchs zur Klassensprecherwahl“ und einer selbst erstellten PowerPoint-Präsentation erläutern und veranschaulichen die „Demokratiepaten“ ihr Anliegen. Die Initiative hat sich mittlerweile an der Grundschule etabliert. Seit den vergangenen Schuljahren kann das Projekt jeweils neue Paten gewinnen, welche stetig neue Konzepte für den Ablauf der Präsentation ausarbeiten und vor den jüngeren Klassenstufen präsentieren.

Was war daran bemerkenswert?

Beispielsweise:

- Durch die Vermittlung der Grundzüge einer demokratischen Wahl und die Erläuterung der Tätigkeiten eines Klassensprechers zeigen die Grundschüler nicht nur, dass sie auf ihrer Jahrgangsstufe im Besitz praktischer demokratischer Kompetenzen sind, sondern sich auch bemühen, diese an die Mitschülerinnen und -schüler heranzutragen.

- Aufgrund ihres Bestrebens, ihr Demokratiewissen für ihre Mitschüler so anschaulich und nachvollziehbar wie möglich zu machen, schulen die Demokratiepaten ihre Medienkompetenz.
- Die Initiation des Demokratiepatenkonzepts ist von Nachhaltigkeit geprägt. Bereits seit 2013 besteht die Initiative und ist seitdem von Schülerinnen und Schülern weiterentwickelt und an die jeweils nächste Generation weitergegeben worden.

BEISPIEL 5: WELTOFFEN UND BUNT

Ein Projekt der Städtischen Realschule Waltrop in Waltrop (Nordrhein-Westfalen)

Das Ergebnis

Das Projekt „Weltoffen und bunt“ der Städtischen Realschule in Waltrop setzt sich mit aktuellen, antidemokratischen Strömungen auseinander. Ein halbes Jahr lang arbeiten die Schülerinnen und Schüler jeder Jahrgangsstufe fächerübergreifend zu unterschiedlichen Aspekten dieses Bereichs. Sie gestalten künstlerisch-kreativ Flaggen und Litfaßsäulen, die die Themen aufgreifen. In der Waltroper Innenstadt präsentieren die Schülerinnen und Schüler ihre Arbeit öffentlich, kommen mit Anderen ins Gespräch und lassen Kunst im städtischen Raum Wirkung entfalten.

Was wurde getan?

Das Projekt „Weltoffen und bunt“ der Städtischen Realschule Waltrop ist bereits das vierte Projekt der Schule, das sich für Demokratie einsetzt. Dieses Mal liegt der Schwerpunkt auf der Auseinandersetzung mit den aktuellen antidemokratischen Strömungen. Die Schülerinnen und Schüler entscheiden sich für eine künstlerische Umsetzung, da sie der Meinung sind, dass Kunst Türen öffnet und der Demokratie Eintritt gewährt. Ein halbes Jahr lang arbeitet die gesamte Schule in der Jahrgangsstufe fächerübergreifend. Die Themen „PEGIDA“, „Flucht und Fluchtgründe“, „Flüchtlingspolitik in Europa“ und Kritik an dieser, „Terrorismus“, Meinungsfreiheit“, „Rechtsextremismus“, „Vorurteile“ und „Diskriminierung“ werden bearbeitet. Die Kinder und Jugendlichen gestalten Flaggen zu den Themen, entwickeln mit „WEFÜTO“ (Weltoffene Europäer für Toleranz) ein Gegenlogo zu „Pegida“, mit dem sie die Menschen zum Nachdenken anregen möchten. Weiterhin gestalten sie Litfaßsäulen mit persönlichen Briefen, die dazu auffordern, sich für demokratische und humanistische Werte einzusetzen, aber auch die eigenen Ängste zum Ausdruck bringen. Darüber hinaus zieren kreative Gestaltungen des Bundesadlers und eine Deutschlandkarte in bunten Farben die Säulen. Sie stehen für die Vielfalt in der Bundesrepublik und dienen gleichzeitig als Eyecatcher für die Litfaßsäulen. Auch ein selbst geschriebener Rap mit dem Titel „Demokratie – Unsere Strategie“, der in einem Tonstudio aufgenommen wird, und eigens entworfene Demokratiebuttons fließen in das Projekt ein. Im Juni 2015 werden die Kunstwerke und alle mit dem Projekt verbundenen Aktivitäten in der Waltroper Innenstadt öffentlich vorgestellt. Mit einem Schweigemarsch ziehen die Schülerinnen und Schüler von ihrer Schule in die Innenstadt, um möglichst viel Aufmerksamkeit zu erzeugen. In der Innenstadt sprechen die Kinder und Jugendlichen Passantinnen und Passanten an und erklären die von ihnen durchgeführte Aktion. Sie verbreiten ihre Botschaft individuell sowie auf der Bühne, verlesen ihre Briefe, führen den Rap live auf und verkaufen die Buttons. Die Aktion findet die Aufmerksamkeit von Presse und der Öffentlichkeit: Zahlreiche Zeitungen berichten über die Präsentation in der Innenstadt und das Projekt gewinnt den ersten Preis beim Wettbewerb der Bürgerstiftung.

Was war daran bemerkenswert?

Beispielsweise:

- Die Schülerinnen und Schüler setzten sich mit realpolitischen Problemen auseinander. Sie erarbeiten in einem demokratischen Prozess einen künstlerischen Weg, um die Menschen ihres Stadtteils auf Themen wie „PEGIDA“, Flucht und Fluchtgründe, Terrorismus, Meinungsfreiheit, Rechtsextremismus und Vorurteile aufmerksam zu machen.

- Durch Aktionen, Plakate, Ausstellungen und die Einbindung verschiedener Medien geben sie zielgerichtete Impulse in die Öffentlichkeit.
- Die Städtische Realschule Waltrop schafft es, die gesamte Waltroper Innenstadt zu mobilisieren und Mitbürgerinnen und Mitbürger zu Diskussionen und zum Nachdenken anzuregen.

BEISPIEL 6: AACHENER KINDERPARLAMENT – DEMOKRATIE IN DER SCHULE

Ein Projekt der KGS Passstraße in Aachen (Nordrhein-Westfalen)

Das Ergebnis

Seit vier Jahren gibt es das Aachener Kinderparlament, welches sechs bis acht Mal pro Schuljahr tagt. Die Katholische Grundschule Passstraße gehört zu den Gründungsmitgliedern. Bei diesen regelmäßig stattfindenden Treffen mehrerer Aachener Grundschulen tauschen sich die Kinder über die Problemlagen ihrer Schulen aus. Einmal im Jahr nehmen sie die Kindersprechstunde beim Oberbürgermeister der Stadt Aachen wahr, um ihm ihre Anliegen und Vorschläge vorzutragen.

Was wurde getan?

Die UNICEF Arbeitsgruppe Aachen hatte im Jahr 2012 auf das Vorhaben der Gründung eines „Aachener Kinderparlaments" und auf die Idee einer jährlich stattfindenden „Kindersprechstunde beim Oberbürgermeister der Stadt Aachen in den Räumlichkeiten des Aachener Rathauses" hingewiesen. Der Termin sollte grundsätzlich immer mit dem Internationalen Tag der Kinderrechte zusammenfallen. Die Schülersprecherin und der Schülersprecher der Katholischen Grundschule Passstraße tragen diese Vorschläge in die Schülervertretung. In den jeweiligen Klassenräten wiederum informieren die Mitglieder der Schülervertretung alle Schülerinnen und Schüler. Die gesamte

Schülerschaft spricht sich für die Teilnahme an beiden Gremien aus. Die KGS Passstraße wird Gründungsmitglied des Aachener Kinderparlaments, das sechs bis acht Mal pro Schuljahr tagt. Themen, die beim Kinderparlament zur Sprache kommen sollen, werden von den Schülerinnen und Schülern selbst benannt. Ebenso laden die Mitglieder der Schülervertretung der jeweils ausführenden Schule selbstständig zu den Treffen ein, sie planen und organisieren die Tagung. Es geht um den Austausch zwischen den unterschiedlichen Schulen, die Auseinandersetzung mit den Vorgehensweisen der anderen Schulen sowie Lösungssuche und Unterstützung bei ähnlich gestalteten Problemlagen. Der Oberbürgermeister wird eingeladen und besuchte bereits einige Grundschulen. Die Anfragen des Schülerparlaments beim Oberbürgermeister werden stets sorgfältig geprüft. Die Schülerinnen und Schüler erhalten von ihm differenzierte Antworten auf alle Fragen. Im Rahmen der jährlichen Kindersprechstunde im Aachener Rathaus können die Grundschüler dem Oberbürgermeister ihre Ideen und Wünsche persönlich vortragen. Fast alle wünschen sich mehr Platz zum Spielen, Essen und Bewegen. Die Klassenzimmer und Betreuungsräume finden sie zu klein und im schulischen Umfeld herrscht zu viel Lärm. Etliche Missstände wurden auf ihr Intervenieren hin bereits behoben. Zudem berichten sie dem Oberbürgermeister von ihren eigenen Aktionen wie Spendenläufen, Sammlungen und Tätigkeiten als Dolmetscher z. B. bei Deutschkursen für Flüchtlingskinder.

Die lokalen Zeitungen berichten ausführlich über die vielseitigen Tätigkeiten des Kinderparlaments sowie die Kindersprechstunde, die auch zukünftig am Tag der Kinderrechte im Rathaus stattfinden soll.

Was war daran bemerkenswert?

Beispielsweise:

- Die Schülerinnen und Schüler zeigen ein hohes Maß an Demokratiekompetenz. Sie mischen im Entscheidungsprozess mit, bringen ihre Ideen ein und erfahren auf diese Weise Selbstwirksamkeit.

- Außerdem übernehmen sie beispielsweise durch ihre Arbeit mit Flüchtlingen soziale Verantwortung.
- Die Schülerinnen und Schüler wirken mit ihrer Arbeit in das außerschulische Umfeld und bearbeiten Ideen nachhaltig.
- Schließlich zeigen sie ein hohes Reflexionsvermögen. Sie evaluieren ihre Arbeit regelmäßig.

Den hier aufgeführten Beispielen könnten noch sehr viele andere angefügt werden. Darüber hinaus bedürften die vielen und sehr vielfältigen Projekte von gesellschaftlichen Initiativen einer besonderen demokratiepolitischen und demokratiepädagogischen Aufmerksamkeit. Sie zeigen eine zum Teil sehr wirksame pädagogische Kleinarbeit an der Aufgabe des Demokratie-Lernens. Viele Ansätze und Initiativen gehen weit über das hinaus, was die etablierte Politische Bildung derzeit anbietet und abarbeitet. Insgesamt ist eine Ergänzung der Politikdidaktik durch eine gezielte, vielfältige Demokratiepädagogik auf allen der oben erwähnten Ebenen der Demokratie unerlässlich.

LITERATUR

Aktion Kinder- und Jugendschutz (2002): Demokratie lernen – Zivilcourage zeigen. Praxishilfen zur Prävention von Rechtsextremismus. Kiel.

Audigier, François (2000): Basic Concepts and core competencies for education for democratic citizenship, Council of Europe, DGIV/EDU/CIT (2000) 23. Strasbourg.

Becker, Günter (2008): Soziale, moralische und demokratische Kompetenzen. Ein Überblick über schulische Förderkonzepte. Weinheim.

Behrmann, Gisela (1996): Demokratisches Lernen in der Grundschule. In: George, Siegfried/Prote, Ingrid (Hrsg.): Handbuch zur politischen Bildung in der Grundschule. Schwalbach/Ts. S. 121-149.

Besand, Anja (2009): Politik – Nein danke. Probleme der Sichtbarkeit der Politik. In: Oberreuther, Heinrich (Hrsg.): Standortbestimmung Politische Bildung. Schwalbach/Ts. S. 253-266.

Beutel, Wolfgang/Fauser, Peter (2001): Erfahrene Demokratie. Wie Politik praktisch gelernt werden kann. Opladen.

Beutel, Wolfgang/Fauser, Peter (Hrsg.) (2007): Demokratiepädagogik. Lernen für die Zivilgesellschaft. Schwalbach/Ts.

Beutel, Wolfgang/Fauser, Peter (Hrsg.) (2013): Demokratie erfahren. Analysen, Berichte und Anstöße aus dem Wettbewerb „Förderprogramm Demokratisch handeln". Schwalbach/Ts.

Breit, Gotthard/Schiele, Siegfried (Hrsg.) (2002): Demokratie lernen als Aufgabe der politischen Bildung. Schwalbach/Ts.

Center of Civic Education (CCE) (1994/2003²): National Standards for Civics and Government. Calabasas/Cal./USA.

Crouch, Colin (2008): Postdemokratie. Frankfurt/M.

Detjen, Joachim (2009): Bildungsferne Milieus als Herausforderung der Politischen Bildung. In: Oberreuther, Heinrich (Hrsg.): Standortbestimmung Politische Bildung. Schwalbach/Ts. S. 335-348.

Dewey, John (1909/2002): Wie wir denken. Hrsg. Von Horlacher, Rebecca/Oelkers, Jürgen. Zürich.

Dewey, John (1974): Psychologische Grundfragen der Erziehung. Der Mensch und sein Verhalten. Erfahrung und Erziehung, eingel. und hrsg. von Werner Correll. München.

Dewey, John (1993): Demokratie und Erziehung. Eine Einleitung in die philosophische Pädagogik. Neu hrsg. von Jürgen Oelkers. Nachdruck der 3. Aufl. Weinheim/Basel.

Dewey, John: Die Öffentlichkeit und ihre Probleme (1927/1996). Deutsche Ausgabe. Bodenheim.

Edelstein, Wolfgang (2014): Demokratiepädagogik und Schulreform. Schwalbach/Ts.

Edelstein, Wolfgang/Fauser, Peter (2001): Demokratie lernen und leben. Gutachten zum Programm BLK. Bonn.

Förderprogramm Demokratisch Handeln (Hrsg.) (2015): Gesagt. Getan. Ergebnisse der Ausschreibung 2015. Jena.

Freudenberg Stiftung (Hrsg.) (2001): Gutachten und Empfehlungen: Demokratie lernen und leben. 3 Bde. Weinheim.

Friedrich, Carl J. (1959): Demokratie als Herrschafts- und Lebensform. Heidelberg.

Frost, Ursula/Rieger-Ladich, Markus (Hrsg.) (2012): Demokratie setzt aus. Gegen die sanfte Liquidation einer politischen Lebensform. In: Vierteljahresschrift für Wissenschaftliche Pädagogik. Sonderheft. Paderborn.

Giesel, Katharina D. u. a. (2007): Demokratie in der Schule. Frankfurt/M.

Jahrbuch Demokratiepädagogik. Bd. 1 (2012): Demokratiepädagogik. Aufgabe für Schule und Jugendbildung. Bd. 2 (2013/14): Neue Lernkultur. Gender-Demokratie. Bd. 3 (2015/16): Demokratiepädagogik und Rechtsextremismus. Bd. 4 (2016/17): Friedenspädagogik und Demokratiepädagogik. Schwalbach/Ts.

Hepp, Gerd/Schneider, Herbert (Hrsg.) (1999): Schule in der Bürgergesellschaft. Demokratisches Lernen im Lebens- und Erfahrungsraum der Schule. Schwalbach/Ts.

Himmelmann, Gerhard (2006): Expertise zum Thema: „Was ist Demokratiekompetenz?" Ein Vergleich von Kompetenzmodellen unter Berücksichtigung internationaler Ansätze. In: ders.: Leitbild Demokratieerziehung. Schwalbach/Ts. S. 120-187.

Himmelmann, Gerhard (2006): Leitbild Demokratieerziehung. Vorläufer, Begleitstudien und internationale Ansätze zum Demokratie lernen. Mit einer Einleitung von Dirk Lange und Detlef Eichner. Schwalbach/Ts.

Himmelmann, Gerhard (2001/2007³): Demokratie lernen als Lebens-, Gesellschafts- und Herrschaftsform. Ein Lehr- und Studienbuch. Schwalbach/Ts.

Himmelmann Gerhard/Lange, Dirk (Hrsg.) (2005): Demokratiekompetenz. Beiträge aus Politikwissenschaft, Pädagogik und Politischer Bildung. Wiesbaden.

Lange, Dirk/Himmelmann, Gerhard (Hrsg.) (2010): Demokratiedidaktik. Impulse für die Politische Bildung. Wiesbaden.

Lange, Dirk/Fischer, Sebastian (Hrsg.) (2016): Demokratiepolitik. Vermessungen – Anwendungen – Probleme – Perspektiven. Wiesbaden.

Oesterreich, Detlef (2002): Politische Bildung von 14-jährigen in Deutschland. Opladen.

Olk, Thomas u. a. (Hrsg.) (2010): Engagementpolitik. Die Entwicklung der Zivilgesellschaft als politische Aufgabe. Wiesbaden.

Roos, Lothar (1969): Demokratie als Lebensform. Diss. Freiburg.

Schiele, Siegfried (2009): Elementarisierung politischer Bildung. In: Oberreuther, Heinrich (Hrsg.): Standortbestimmung Politische Bildung. Schwalbach/Ts., S. 349-363.

Schmidt, Manfred G. (1995): Demokratietheorien. Eine Einführung. Opladen.

Sliwka, Anne (2001): Demokratie lernen und leben. Freudenberg Stiftung. Gutachten und Empfehlungen. Bd. II. Weinheim.

Sliwka, Anne (2008): Bürgerbildung. Demokratie beginnt in der Schule. Weinheim/Basel.

Stein, Hans-Wolfram (2016): Demokratisch handeln im Politikunterricht. Projekte zur „Demokratie als Herrschaftsform". Schwalbach/Ts.

Torney-Purta, Judith et al. (Ed.) (1999): Civic Education across countries. Amsterdam.

Waschkuhn, Arno (1998): Demokratietheorien. Politiktheoretische und ideengeschichtliche Grundzüge. München/Wien.